ESSAIS

SUR L'HISTOIRE

DE LA RÉVOLUTION

FRANÇOISE.

ESSAIS SUR L'HISTOIRE

DE LA RÉVOLUTION

FRANÇOISE,

PAR UNE SOCIÉTÉ D'AUTEURS LATINS.

---

*Reperies, qui, ob similitudinem morum,
aliena malefacta sibi objectari putent.*
(TACIT. Annal. Lib. 4, art. 33.)

Frappés de se reconnoître dans ces tableaux,
quelques - uns croiront, qu'on leur reproche à
eux - mêmes des crimes commis par d'autres.

EDITION, REVUË SUR LES ORIGINAUX.

R O M Æ,
Propè Cæsaris hortos. HORAT. *Satyr.* 8. *Lib.* I;
Et à PARIS,
Près du Jardin des *Tuileries*

III Kalendas Septembres, V. C. MMDLIV.

XII. *Fructidor* an VIII.

N O M S

Des AUTEURS *de cet Ouvrage.*

CICERON.

SALLUSTE.

TITE-LIVE.

VELLEIUS PATERCULUS.

TACITE.

SUÉTONE.

CORNELIUS NEPOS.

QUINTE-CURCE.

AURELIUS VICTOR.

AULUS-GELLIUS.

etc., etc., etc.

NOTA. On trouvera le texte Latin toujours à gauche de la traduction ; et l'endroit, d'où chaque morceau est extrait, sera exactement indiqué à la fin du morceau.

TEXTE LATIN.

CUM..... domi otium atque divitiæ, quæ prima mortales putant, affluerent, fuêre tamen cives, qui seque, remque publicam, obstinatis animis perditum irent....

Omninò cuncta plebes, novarum rerum studio, Catilinæ incepta probabat. Id adeo more suo videbatur facere: nam semper in civitate, quibus opes nullæ sunt, bonis invident, malos extollunt ; vetera odére, nova exoptant, odio suarum rerum mutari omnia student, turbâ atque seditionibus sine curâ aluntur: quoniam egestas facilè habetur sine damno. (SALLUST. *in bello Catilinario, art.* 36, 37).

Eodem anno Galliarum civitates, ob magnitudinem æris alieni, rebellionem cœptavêre. (TAC. *Annal. Lib.* 3, *art.* 40).
Nullum profundum mare, nullum vastum fretum et procellosum tantos ciet fluctus, quantos multitudo motus habet,

TRADUCTION LITTÉRALE.

Dans le sein de la capitale régnoient la paix et l'abondance, ces biens que l'homme préfère à tout ; et cependant il se trouva des citoyens, qui s'obstinèrent à se perdre eux et l'état.

Toute la populace applaudissoit aux entreprises séditieuses par amour pour la nouveauté. En cela elle ne faisoit rien que de conforme à son caractère: car, dans quelqu'état que ce soit, ceux qui n'ont rien haïssent les gens de bien, préconisent les méchans, détestent l'ancien ordre de choses, et en veulent un nouveau. Comme ils maudissent leur situation, ils veulent que tout soit changé. Ils s'abandonnent sans crainte au torrent-révolutionnaire, parce que l'indigence n'a rien à perdre.

Cette même année les villes des Gaules commencèrent à se mettre en insurrection, au sujet de l'énormité des dettes.

Il n'est point de mer orageuse, point de détroit fameux par ses tempêtes, qui déchaîne des flots aussi tumultueux que

'utique si novâ et brevi duraturâ libertate luxuriat. (QUINT. CURT. *Lib.* 10, *art.* 7).

Igitur per conciliabula et cœtus seditiosa disserebant , de continuatione tributorum , gravitate fœnoris , sævitiâ ac superbiâ præsidentium .... egregium resumendæ libertati tempus. (TACIT. *Annal. Lib.* 3 , *art.* 40).

Cæterum libertas et speciosa nomina prætexuntur. Nec quisquam alienum servitium et dominationem sibi concupivit , ut non eadem ista vocabula usurparet. (TACIT. Histor. *Lib.* 4 , *art.* 73). Vocis verborumque quantum voletis ingerent , et criminum in principes, et legum aliarum super alias, et concionum ; sed ex illis concionibus nunquam vestrum quisquam re , fortunâ, domum auctior rediit. Ecquis retulit aliquid ad conjugem et liberos præter odia, offensiones , simultates publicas privatasque ? (TIT. LIV. *Lib.* 3 , *art.* 68).

le sont les mouvemens de la multitude, lorsqu'elle s'abandonne aux excès d'une liberté récente, qu'elle se hâte de prodiguer comme devant bientôt la perdre.

Voilà donc les révoltés dans les conciliabules et les clubs, faisant des motions incendiaires sur la prolongation des impôts, sur la rigueur des intérêts, fur l'orgueil et la cruauté des administrateurs; le tems étoit venu, disoient-ils, de reconquérir la liberté.

On met en avant la liberté et de grands mots. Eh! tous ceux qui ont voulu asservir les autres et dominer, n'ont-ils pas commencé par usurper ce même langage? Des paroles et des déclamations, des accusations contre les chefs de l'état, des loix entassées les unes sur les autres, de grands discours, ils vous en prodigueront jusqu'à satiété. Mais jamais aucun de vous n'est revenu plus riche ou plus heureux de ces assemblées. Qu'en avez-vous rapporté à vos femmes et à vos enfans, sinon des haines, des chagrins et des ressentimens publics et particuliers?

Nec ullum satis validum imperium erat coercendis seditionibus populi, flagitia hominum, ut cærimonias deûm, protegentis. Igitur placitum, ut mitterent civitates jura atque legatos: et quædam, quod falso usurpaverant, sponte amisêre: multæ vetustis superstitionibus, aut meritis in populum Romanum, fidebant. Magnaque ejus diei species fuit, quo Senatus majorum beneficia, sociorum pacta, regum etiam, qui ante vim Romanam valuerant, decreta, ipsorumque numinum religiones introspexit; libero, ut quondam, quid firmaret mutaretve. (TACIT. *Annal. Lib.* 3, *art.* 60).

Postquam.... simultates exercere vacuum fuit, plurimæ turbæ, seditiones et ad postremum bella civilia orta sunt: dùm pauci potentes, quorum in gratiâ plerique concesserant, sub honesto patrum aut plebis nomine dominationes

2 mai 1789. Ouverture des états - généraux.

NULLE autorité n'avoit la force de réprimer les insurrections d'un peuple, qui croyoit défendre ses dieux, en protégeant des hommes pervers. Il fut donc ordonné que les villes enverroient leurs titres et des députés. Quelques - unes sacrifièrent volontairement des droits usurpés. Plusieurs se fioient sur de vieilles superstitions et sur des services rendus à l'état. Elle fut grande et imposante cette journée, où les bienfaits de nos ayeux, les traités des alliés, les décrets mêmes des rois, dont la puissance étoit antérieure à celle de la nation, et jusqu'au culte rendu aux dieux, furent soumis à l'examen du sénat, libre, comme autrefois, de confirmer ou d'abolir.

Dès que les inimitiés purent éclater librement, la capitale fut en proie aux troubles, aux séditions, et enfin aux guerres intestines. Quelques hommes puissans, dont la multitude avoit recherché l'appui, aspiroient à dominer sous

affectabant, bonique et mali cives appellati, non ob merita in rem publicam, omnibus pariter corruptis, sed uti quisque locupletissimus et injuriâ validior, quia præsentia defendebat, pro bono ducebatur. (SALLUST. *in fragment*).

Uti paucis verum absolvam, per illa tempora quicumque rem publicam agitavêre, honestis nominibus, alii, sicuti jura populi defenderent, pars quo senatus autoritas maxuma foret, bonum publicum simulantes, pro suâ quisque potentiâ certabant. (SALLUST. *in bell. Catilin. art.* 38).

Sed jam fatis admovebantur.... genti bella civilia. Nam et insociabile est regnum, et à pluribus expetebatur. Primum ergo collegere vires ; deinde disperserunt ; et, cum pluribus corpus, quam capiebat, onerassent, cætera membra deficere cœperunt : quodque imperium sub uno stare potuisset, dum à pluribus sustinetur, ruit. (QUINT. CURT. *lib.* 10, *art.* 9).

les noms imposans du sénat ou du peuple. Ils étoient appellés bons ou mauvais citoyens, non pas pour avoir bien ou mal servi l'état; car ils étoient tous également corrompus; mais celui qui avoit fait triompher la force et l'injustice, parce qu'il étoit l'homme du moment, passoit pour homme de bien. Disons en peu de mots la vérité; ces perturbateurs de l'état, qui se paroient alors des plus beaux noms, qui s'annonçoient les uns pour défendre les droits du peuple, les autres pour aggrandir l'autorité du sénat, prenoient tous le bien public pour prétexte, et chacun ne combattoit que pour sa propre élévation.

Déjà le destin appelloit sur la nation les torches de la guerre civile; car le pouvoir suprême ne se partage pas, et plusieurs y prétendoient. D'abord tous réunirent leurs forces; bientôt ils les dispersèrent; et, quand ils eurent chargé le corps politique de plus de membres qu'il n'en comportoit, ses anciens leviers commencèrent à foiblir. Tel empire, dont un seul auroit pu maintenir

Hoc initium in urbe Româ civilis sanguinis, gladiorumque impunitatis fuit; inde jus vi obrutum, potentiorque habitus prior; discordiæque civium, anteà conditionibus sanari solitae, ferro dijudicatæ; bellaque non causis inita, sed prout eorum merces fuit. Quod haud mirum est; non enim consistunt exempla, unde cœperunt; sed, quamlibet in tenuem recepta tramitem, latissimè evagandi sibi viam faciunt; et, ubi semel recto deerratum est, in præceps pervenitur, nec quisquam sibi putat turpe quod alii fuit fructuosum. (VELL. PATERCUL. *Lib.* *2, cap.* 2).

la stabilité, dès que plusieurs veulent le soutenir, s'écroule et tombe.

14 *juillet* 1789.

Ce fut alors, pour la première fois, que le sang des citoyens coula dans la capitale, et qu'ils en vinrent aux mains impunément. Bientôt la violence étouffa la voix de la justice; et le plus fort fut le plus considéré. Les dissensions civiles, auxquelles on remédioit auparavant par des accommodemens, n'eurent plus que le fer pour arbitre. On fit la guerre, non pour des motifs qui la rendissent nécessaire, mais pour le prix qu'elle promettoit au vainqueur. A cela rien d'étonnant; car, une fois que l'exemple est donné, on ne se borne pas à le suivre. Vainement n'indiqueroit-il qu'un étroit sentier, on s'en écarte et l'on s'égare au loin. Les premiers pas faits vers le mal, on est emporté par une pente rapide; et nul ne trouve honteux pour lui-même ce qu'il sait avoir été avantageux pour un autre.

Egentes in locupletes, perditi in bonos, servi in dominos armabantur. (Cic. *pro Cn. Plancio , Cap.* 35 , *art.* 86).

Lymphatis cæco pavore animis , et , quia neminem unum destinare iræ poterant , licentiam in omnes poscentibus. (TACIT. *Histor. Lib.* 1 , *art.* 82).

Incendia fumant ;
Muris nulla fides ; squallent populatibus agri.
CLAUDIANUS *in Eutrop.* Lib. 1 , V. 244.
Quæ nequeunt secum ferre aut abducere , perdunt ;
Et cremat insontes turba scelesta casas.
OVID. *Trist.* Lib. 3. El. 10. v. 65.

Fortè acciderat, ut qui in agris erant, populationem villarum vicorumve veriti, confugerent in urbem: oppidani, cùm ipsos alimenta deficerent, urbe excederent, et utrique generi tutior aliena sedes quam sua videretur. (QUINT. CURT. *Lib.* 10, *art* 8).

Militaris ferè ætas omnis : ut non modo ad expeditiones, quas in tanto tumultu res poscebat, sed vix ad quietas stationes viribus sufficerent. Munus vigiliarum senatores, qui per ætatem ac valetudinem poterant, per se ipsi obibant. (TIT. LIV. *Lib.* 3, *art.* 6).

On arma les pauvres contre les riches, les scélérats contre les honnêtes-gens, et les serviteurs contre leurs maîtres. Une terreur aveugle avoit égaré les esprits, et, leur fureur n'ayant pour objet personne en particulier, ils vouloient l'exercer contre tous. La horde des brigands brûle jusqu'aux maisons, comme si elles étoient coupables. Les murs ne sont plus les garans de la propriété; les champs désolés sont hideux de ravages.

A cette époque, ceux qui étoient à la campagne, redoutant de voir piller les maisons et les villages, se réfugioient à la ville; ceux qui étoient à la ville, dépourvus de subsistances, fuyoient à la campagne; les uns et les autres espéroient trouver plus de sûreté par-tout où ils n'étoient pas.

Les citoyens de presque tous les âges étoient astreints au service militaire. Loin de suffire aux expéditions, qu'exigeoit le désordre des circonstances, ils suffisoient à peine à la garde des postes tranquilles. Les sénateurs, qui ne pouvoient s'excuser sur leur âge et leur santé, montoient leur garde en personne.

Quoquò, scelesti, ruitis? aut cur dexteris
Aptantur enses conditi? (HORAT.)

PARS ignari et vino graves; pessimus
quisque in occasionem prædarum : vulgus, ut mos est, cujuscumque motus
novi cupidum. (TACIT. *Histor. Lib.* 1,
art. 80).

Rapta arma, nudati gladii, insidentes
equis urbem ac palatium petunt. (TACIT.
Histor. Lib. 1, *art.* 80).

. Ubinam imperator esset, requirentes,
perruperunt in triclinium usque, nec,
nisi viso, destiterunt. (SUETON. *in
Othon. art.* 8).

Tum vero passim magistratus, projee-
tis insignibus, vitatâ comitum et servo-
rum frequentiâ, senes feminæque per
tenebras, diversa urbis itinera, rari domos, plurimi amicorum tecta ; et, ut cuique humillimus cliens, incertas latebras

20 *juin* 1792.

Où courez-vous, cruels? quel démon parricide
   Arme vos sacriléges bras?
Pour qui destinez-vous l'appareil homicide
   De tant d'armes et de soldats?

(J. B. ROUSSEAU).

LES uns, abrutis par le vin, marchoient sans savoir pour quel motif; les autres, voués au crime, saisissoient une occasion de piller; pour la multitude, elle étoit entraînée, comme c'est l'ordinaire, par le désir de voir une révolution nouvelle. On s'empare des armes, les glaives étincèlent, on monte à cheval, on entre dans la ville, on va droit au palais. Où est le prince, crient-ils de toutes parts? en même temps ils se précipitent dans son appartement, et ne s'arrêtent qu'après qu'il s'est présenté.

De tous côtés des magistrats, jettant les marques de leurs dignités, fuient sans permettre qu'on les accompagne; des vieillards, des femmes, errans au milieu des ténèbres, se dispersent dans les quartiers les plus opposés de la ville. Peu

petivêre. (TACIT. *Histor. Lib.* 1, *art.* 81).

Majoribus præsidiis et copiis oppu-
gnatur respublica, quàm defenditur,
proptereà quòd audaces homines et perditi nutu impelluntur ; et ipsi etiam
sponte suâ contra rempublicam incitan-
tur: boni nescio quomodo tardiores sunt,
et principiis rerum neglectis ad extremum ipsâ denique necessitate excitantur:
ita ut non nunquam cunctatione ac tar-
ditate, dum otium volunt etiam sine
dignitate retinere, ipsi utrumque amit-
tant. (CIC. *pro Sextio, Cap.* 47, *art.*
100).

Omnia, hominum, quum egestate
tum audaciâ perditorum, clamore, con-
cursu, vi, manu gerebantur ; perfere-
batis : magistratus templis pellebantur :
alii omnino aditu ac foro prohibebantur :
nemo resistebat, (CIC. *pro Sextio, Cap.*
39, *art.* 85).

se réfugient dans leur propre maison; presque tous vont au hasard chercher un asyle chez leurs amis, et même chez le plus obscur de leurs cliens.

Il y a plus de forces et de moyens réunis pour attaquer l'état, que pour le défendre, parce qu'à des scélérats déterminés il ne faut qu'un signe qui leur donne l'impulsion. Leur propre mouvement les dirige contre la chose publique. Les honnêtes-gens sont, je ne sais pourquoi, plus retenus par la force d'inertie; ils négligent le mal dans son principe, et ce n'est qu'au dernier moment que l'impérieuse nécessité les réveille. De leurs lenteurs et de leurs indécisions il résulte quelquefois, qu'en voulant conserver leur tranquillité, même aux dépens de leur honneur, ils perdent à la fois l'une et l'autre.

Vous avez vu des hommes, forts de leur misère et de leur audace, sans autres moyens que leur nombre, les cris et la violence, disposer de tout à leur gré, et vous l'avez souffert! vous les avez vu chasser vos magistrats des tem-

In legibus Solonis illis antiquissimis, quæ Athenis axibus ligneis incisæ sunt, quasque latas ab eo Athenienses, ut sempiternæ manerent, pœnis et religionibus sanxerant, legem esse Aristoteles refert scriptam ad hanc sententiam; " si „ ob discordiam dissensionemque seditio „ atque discessio populi in duas partes „ fieret, et ob eam causam irritatis animis „ utrimque arma caperentur, pugnaretur- „ que, tum qui, in eo tempore in eoque „ casu civilis discordiæ, non alterutræ „ parti sese adjunxerit, sed solitarius se- „ paratusque à communi malo secesserit, „ is domo, patriâ, fortunisque omnibus „ careto; exul extorrisque esto. " Quum hanc legem Solonis singulari sapientiâ præditi legissemus, tenuit nos gravis quædam in principio admiratio, requirentes quam ob causam dignos esse pœnâ existimaverit, qui se procul à seditione et civili pugnâ removissent. Tum qui penitùs atque altè usum ac sententiam legis in-

ples , interdire à d'autres citoyens l'entrée de vos assemblées ; et personne n'a
résisté!

Parmi les anciennes loix de Solon,
qui furent gravées à Athènes sur des tables de bois , après que les Athéniens,
pour en assurer à jamais la durée, les
eurent consacrées par leurs sermens et
par des peines portées contre tout infrac-
teur, il étoit, au rapport d'Aristote, une
loi conçue en ces termes: " Si, dans un
„ temps de troubles et de dissensions ci-
„ viles, le peuple soulevé se divisoit en
„ deux partis; si, par suite des animo-
„ sités réciproques, les citoyens en ve-
„ noient à s'armer et à combattre, que
„ celui qui , en cette triste conjonc-
„ ture , ne se rallieroit pas à l'un des
„ deux partis , mais se tiendroit à l'é-
„ cart, que cet homme, qui vivroit isolé
„ du malheur général, n'ait plus ni biens,
„ ni maison, ni patrie; qu'il soit banni,
„ proscrit à jamais ".

En lisant cette loi du sage Solon, on
étoit d'abord frappé d'étonnement: pourquoi, disoit-on, prononcer des peines

cpexerat, non ad augendam, sed ad de-
sinendam seditionem legem hanc esse
dicebat; et res prorsùm sic se habet.
Nam, si boni omnes, qui in principio
coercendæ seditioni impares fuerint, po-
pulumque partitum et amentem non de-
terruerint, ad alterutram partem divisi
sese adjunxerint, tum eveniet ut, quum
socii partis seorsùm utriusque fuerint,
eæque partes ab iis ut majoris auctori-
tatis viris temperari ac regi cœperint,
concordia per eos potissimum restitui
conciliarique possit ; dum et suos, apud
quos sunt, regunt atque mitificant, et ad-
versarios sanatos magis cupiunt quam
perditos. (AUL. GELL. *in Noctib. Attic.
lib. 2. cap. 12)*.

contre

contre ceux qui s'éloigneroient des émeutes populaires et des guerres civiles? Mais, lorsqu'on avoit profondément réfléchi sur le sens et sur les applications de la loi, on voyoit qu'elle avoit pour objet, non de fomenter, mais bien d'appaiser les dissensions; et c'est ce que prouve l'expérience. En effet, les gens de bien ne sont pas de force à réprimer une révolution qui commence; ils ne sauroient ramener une multitude factieuse et frénétique; mais si, dans le principe, ils s'attachent, chacun de leur côté, à l'un des deux partis, il arrivera que, d'abord simples alliés de factions, bientôt, par l'effet de cette considération qui environne les gens de bien, ils en deviendront les modérateurs et les chefs. C'est alors qu'ils seront propres à rétablir le calme et la concorde, parce qu'ils appaiseront avec art ceux de leur parti, et voudront ramener, plutôt que perdre, ceux du parti contraire.

Omnium qui ubique probro atque petulantia maxume præstabant ; item alii, per dedecora patrimoniis amissis ; postremo omnes, quos flagitium aut facinus domo expulerat ; hi Romam, sicuti in sentinam, confluxerant. (SAL- LUST. *in bello Catilin. art.* 38).

Tumultum excitaverunt : ac repente omnes, nullo certo duce, in palatium cucurrerunt. (SUETON, *in Othon. art.* 8).

Undique arma et minæ. (TACIT. *Hist. Lib.* 1, *art.* 83).

Fit via vi ; rumpunt aditus, primosque trucidant.
(VIRG. Æneid. lib. 2).

Instaurati animi regis succurrere tectis.
Auxilioque levare viros vimque addere victis.
(VIRG. Æneid. lib. 2).

Aderat pugnantibus spectator populus ; utque in ludicro certamine, hos modo, rursus illos, clamore et plausu fovebat : quotiens pars altera inclinasset, abditos in tabernis, aut, si quam in domum perfugerant, " erui jugularique " ex-

10. *Août* 1792.

Tous ceux qui s'étoient signalés par leur infamie et leur audace turbulente, tous ceux qui avoient honteusement dissipé leur patrimoine, tous ceux que leurs désordres ou leurs attentats avoient chassés de leur patrie, étoient venus affluer dans la capitale comme dans un cloaque. Ils excitèrent un soulèvement ; et tous, au même instant, sans avoir personne à leur tête, se précipitèrent vers le palais du prince. Par·tout des armes et des menaces ; ils s'ouvrent un passage, forcent les avenues du palais, et massacrent les premières sentinelles. Le courage se ranime parmi ceux qui défendent la demeure du roi ; ils veulent secourir les vaincus et seconder leur valeur.

Le peuple restoit spectateur du combat ; et, comme s'il eût été donné pour son plaisir, il soutenoit tantôt les uns, tantôt les autres par ses acclamations. Voyoit-il foiblir un des partis, il demandoit à grands cris, qu'on arrachât

postulantes, parte majore prædæ potie-
bantur. Nam, milite ad sanguinem et
cædes obverso, spolia in vulgus cede-
bant. Sæva ac deformis urbe totâ facies.
Alibi prælia et vulnera, alibi balineæ
popinæque, simul cruor et strues cor-
porum : juxtà scorta, et scortis similes;
quantum in luxurioso otio libidinum ;
quidquid in acerbissimâ captivitate sce-
lerum ; prorsùs ut eamdem civitatem
et furere crederes et lascivire.... Nunc
inhumana securitas, et ne minimo quidem temporis voluptates intermissæ ; velut festis diebus id quoque gaudium ac-
cederet, exultabant, fruebantur, nullâ
partium curâ, malis publicis læti. (TACIT.
Histor. Lib. 3 *art.* 83).

At domus interior gemitu miseroque tumultu
Miscetur :

(VIRG. *Aeneid. lib.* 2).

des boutiques et des maisons ceux qui s'y étoient refugiés, et qu'on les égorgeât. Il augmentoit ainsi sa part du butin; car le soldat, tout entier au carnage, abandonnoit les dépouilles. La capitale dans son ensemble présentoit un spectacle hideux et terrible: ici des combats et des blessures, là des bains et des tavernes, plus loin des prostituées et leurs suppôts auprès des monceaux de cadavres et des ruisseaux de sang; en un mot, tous les excès qu'enfante la corruption pendant la paix, tous les crimes qui désolent un pays de conquête, réunis pour former dans la même ville un tableau de fureur et de débauche. Il régnoit une sécurité barbare; et les plaisirs ne furent pas interrompus un seul instant. Il sembloit que tant d'horreurs fussent un surcroît de divertissemens. On tressailloit d'alégresse, on se réjouissoit; et, sans songer aux deux partis, on applaudissoit au malheur public.

Mais, dans l'intérieur du palais, ce n'est que gémissemens, désordre et con-

" Quin.... ut tot egregiæ domus ho-
„ nores deceret, desperatione saltem in
„ audaciam accingeretur : perstare mi-
„ litem, superesse studia populi: deni-
,, que nihil atrocius eventurum , quàm
„ in quod sponte ruant. Moriendum
„ victis, moriendum deditis : id solum
„ referre, novissimum spiritum per ludi-
„ brium et contumelias effundant, an
„ per virtutem. "

Surdæ ad fortia consilia Vitellio aures.
Obruebatur animus miseratione curâque,
ne, pertinacibus armis, minùs placabilem
victorem relinqueret conjugi ac liberis....
Pullo amictu palatio degreditur, mœstâ
circum familiâ. Simul ferebatur in lec-
ticula parvulus filius, velut in funebrem
pompam. Voces populi blandæ et intem-
pestivæ : miles minaci silentio.

fusion. On représentoit au prince, qu'il devoit se montrer digne d'une famille illustrée par tant d'honneurs.

" Le désespoir devoit au moins l'ar-
„ mer de hardiesse : les soldats lui res-
„ toient fidèles : le peuple étoit encore
„ pour lui. Après tout, il ne pouvoit
„ lui arriver de malheur plus affreux
„ que celui dans lequel il se précipitoit
„ lui-même : la mort suivroit sa défaite :
„ la mort suivroit sa soumission. Il ne
„ s'agissoit que de voir s'il expireroit, lui
„ et les siens, parmi les outrages des bour-
„ reaux, ou sur le champ d'honneur. "

Il étoit sourd aux conseils vigoureux. Son cœur se serroit au souvenir de sa femme et de ses enfans, qu'il trembloit de laisser à la merci d'un vainqueur aigri par la résistance. Il sort du palais en habit de deuil ; autour de lui marche toute sa maison, dans une morne tristesse. Vint ensuite son fils, encore enfant, porté dans une litière comme à une pompe funèbre. Le peuple hasarde vainement quelques mots en sa faveur. Le soldat garde un silence menaçant.

Nec quisquam adeò rerum humanarum immemor , quem non commoveret illa facies , Romanum principem et generis humani paulò ante dominum, relictâ fortunæ suæ sede, per populum, per urbem exire de imperio. Nihil tale viderant, nihil audierant.... In suâ concione Vitellius, inter suos milites, prospectantibus etiam feminis, pauca et præsenti mœstiæ congruentia locutus; " cedere se pacis „ et reipublicæ causâ : retinerent tantùm „ memoriam suî; fratremque et conju- „ gem, et innoxiam liberorum ætatem „ miserarentur ". (TACIT. *Hist. Lib.* 3, *art.* 66, 67, 68).

Inritatusque suppliciis......, cunctos, qui carcere attinebantur, accusati societatis cum Sejano, necari jubet.

Quel homme eut assez oublié l'inconstance des choses humaines pour n'être pas touché d'un tel spectacle. C'étoit le chef de l'état, naguères le premier souverain du monde, qui, abandonnant le théatre de sa grandeur, traversoit sa capitale et la foule de son peuple, pour aller se démettre de l'empire. On n'avoit rien vu, rien entendu raconter de pareil. C'est dans son propre sénat, au milieu de ses soldats, à la vue même des femmes, que, prononçant quelques paroles convenables à sa triste situation, il déclare, qu'il cède par amour pour la paix et pour la chose publique. Il demande seulement, que l'on conserve le souvenir de sa personne, et qu'on ait pitié de son frère, de son épouse, et de ses enfans en bas - âge.

2. et 3. Septembre 1792.

IRRITÉ de la lenteur des supplices, le tyran fait massacrer tous ceux, qui étoient dans les prisons comme ayant part à la conspiration.

B 5

Jacuit immensa strages, omnis sexus, omnis ætas: inlustres, ignobiles, dispersi aut aggerati; neque propinquis, aut amicis adsistere, inlacrymare, ne visere quidem diutiùs dabatur; sed circumjecti custodes et in mœrorem cujuscumque intenti, corpora putrefacta adsectabantur, dum in Tiberim traherentur: ubi fluitantia, aut ripis adpulsa, non cremare quisquam, non contingere. Interciderat sortis humanæ commercium vi metûs: quantùmque sævitia glisceret, miseratio arcebatur. (TACIT. *Annal. Lib. 6, art.* 19).

Non aliàs magis anxia et pavens civitas, egens adversùm proximos; congressus, colloquia, notæ ignotæque aures vitari: etiam muta atque inanima, tectum et parietes circumspectabantur. (TACIT. *Annal. Lib.* 4, *art.* 69).

Ce fut un vaste champ de carnage : des victimes de toute condition, de tout sexe, de tout âge, furent çà et là dispersées ou amoncelées. S'approcher de ses parens, de ses amis, pleurer sur leur sort, leur donner un dernier regard, c'étoit un crime. Des gardes, apostées pour épier le moindre signe de tristesse, veilloient sur les cadavres et les escortoient jusqu'à ce qu'ils fussent traînés dans le fleuve. Là étoient-ils supportés par les flots ou poussés contre la rive, nul ne leur donnoit la sépulture, nul n'y portoit la main ; la terreur avoit rendu l'homme étranger à l'homme ; et chaque progrès de la cruauté éloignoit la compassion. Jamais la capitale ne fut en proie à plus d'angoisses et de frayeurs ; on se tient en garde même contre ses plus proches parens ; on ne s'aborde, on ne se parle plus ; on évite ceux que l'on connoît, comme ceux que l'on ne connoît pas ; on craint tout, jusqu'aux objets muets et inanimés, le toit, les murs dont on est entouré ; on les parcourt des yeux en tremblant.

Proximis deindè multis diebus passim per urbem cædes factæ, tanta gladiórum licentia, ut, quem quis vellet, occideret. Inimicos suos maximè tollebant: deindè quorum aut dignitas invidiam, aut res familiaris prædam luculentam ostentabat.

Eadem ista, velut signo ab urbe dato, per omnem Italiam fiebant; et ubique per colonias ac municipia, quos adversatos Sullæ aut satellitum ejus alicui constabat, trucidabantur. Plurimi sanguinis, alii spoliorum cupiditate, cædes perpetrabant: erant et qui periculum sibi metuebant, ni aliorum exitio studium partium significassent. (TIT. LIV. *in Suppl. Lib.* 88, *art.* 18, 19).

Et trahebatur damnatus.... quò intendisset oculos, quò verba acciderent, fuga, vastitas: deseri itinera, fora: et

Dans les jours qui suivirent, et pendant longtemps, la ville fut livrée aux égorgeurs; chacun d'eux eut le droit de choisir sa victime; leurs ennemis périrent les premiers; ensuite ils frappèrent tous ceux, dont le rang excitoit l'envie, ou dont la fortune promettoit le pillage d'un riche mobilier.

Bientôt, comme à un signal donné, l'exemple de la capitale fut suivi dans tout l'empire. Par-tout, dans les colonies et dans les villes municipales, on égorgeoit ceux qui s'étoient opposés à l'usurpateur, ou même à quelqu'un de ses satellites. Ces farouches assassins étoient altérés de sang pour la plûpart, ou avides de pillage; il y en avoit même qui auroient cru leur vie compromise, s'ils ne s'étoient pas prononcés pour le parti vainqueur, en donnant la mort aux autres.

21. *Janvier* 1793.

On le traîne au supplice; par-tout où se portent ses yeux ou sa voix, on fuit épouvanté. Les rues et les places n'of-

quidam regrediebantur , ostentabantque se rursum , id ipsum paventes quod timuissent.....

Secutæ insuper litteræ, grates agentes, quod hominem infensum reipublicæ punivissent. (TACIT. *Annal. Lib.* 4 *, art.* 70).

Exstinguitur ingenti luctu provinciæ et circumjacentium populorum. Indoluere exteræ nationes regesque ; tanta illi comitas in socios, mansuetudo in hostes ; visuque et auditu juxta venerabilis, cum magnitudinem et gravitatem summæ fortunæ retineret, invidiam et adrogantiam effugerat. (TACIT. *Annal. Lib.* 2 *, art.* 72).

Dona ob hæc templis decreta: quod ad eum finem memoravimus, ut, quicumque casus temporum illorum nobis vel aliis auctoribus noscent, præsumptum habeant, quotiens fugas et cædes jussit princeps, totiens grates deis actas, quæque rerum secundarum olim, tum publicæ cladis insignia fuisse. (TACIT. *Annal. Lib.* 14 *, art.* 64).

frent qu'une vaste solitude ; quelques-ums cependant reviennent sur leurs pas, et se font voir, de nouveau glacés d'effroi, par cela même qu'ils ont eu peur.

Bientôt le sénat reçoit une adresse, qui le félicite d'avoir puni un ennemi de la république.

Sa mort répandit la consternation dans la province et chez les peuples voisins. Les rois et les nations étrangères pleurèrent ce prince si affable envers les alliés, si doux envers ses ennemis ; ce prince, dont la figure et les discours imprimoient une égale vénération, et qui, bannissant de la grandeur suprême l'orgueil qui la fait haïr, n'en avoit conservé que la dignité qui la rend imposante.

A ce sujet des offrandes furent consacrées dans les temples : nous en faisons mention, pour prévenir quiconque apprendra de nous ou d'autres auteurs l'histoire de ces temps affreux, qu'il n'y eut pas un exil, pas un assassinat ordonné par le tyran, sans qu'on rendît grâce aux dieux ; ce qui jadis étoit

Populum.... jurejurando adegit, neminem Romæ passuros regnare...... ex senatusconsulto ad populum tulit, ut omnes Tarquiniæ gentis exsules essent. (TIT. LIV. *Lib.* 2, *art.* 2).

Interfecto Vitellio, bellum magis desierat quàm pax cœperat. Armati per urbem victores implacabili odio victos consectabantur : plenæ cædibus viæ, cruenta fora templaque, passim trucidatis, ut quemque sors obtulerat. Ac mox, augescente licentiâ, scrutari ac protrahere abditos : si quem procerum habitu et juventâ prospexerant, obtruncare, nullo militum aut populi discrimine. Quæ sævitia, recentibus odiis, sanguine explebatur, dein verterat in avaritiam. Nihil usquam secretum aut clausum sinebant, Vitellianos occultari simulantes. Initium id perfringendarum domuum, vel, si resisteretur, causa cædis. Nec deërat egentissimus quisque ex plebe, et pessimi servitiorum prodere ultro dites dominos : alii ab amicis monstra-

le signe de la prospérité, attestoit solennellement alors les calamités publiques.

On fait faire au peuple le serment de ne jamais souffrir le retour de la royauté ; et l'on décrète le bannissement de tous les princes du sang royal.

La mort du prince fut suivie d'une suspension de guerre plutôt que d'un commencement de paix. Les vainqueurs en armes parcouroient la ville, poursuivant les vaincus avec un acharnement implacable ; les rues, les places publiques, les temples, tout n'étoit que sang et carnage ; quelque part qu'il s'offrît une victime, elle étoit égorgée: bientôt la licence accélérant son cours, on va fouiller dans les maisons ; on en arrache ceux qui s'y cachoient ; remarque-t-on un jeune homme d'une taille avantageuse, soldat ou citoyen, on le tue.

Cette cruauté, qui, dans la première chaleur des ressentimens, ne vouloit que du sang, avoit pris ensuite le caractère de la cupidité ; rien ne peut être fermé ; les vainqueurs s'y opposent, sous

bantur. Ubique lamenta et conclamationes et fortuna capœ urbis....

Duces partium, accendendo civili
bello acres, temperandæ victoriæ impares. Quippe in turbas et discordias
pessimo cuique plurima vis: pax et quies
bonis artibus indigent. (TACIT. *Histor.*
Lib. 4, *art.* 1).

Nec tamen in eos, qui contrà arma
tulerant, sed in multos insontes sævitum. Adjectum etiam, ut bona proscriptorum vænirent; exclusique paternis
opibus liberi etiam petendorum honorum jure prohiberentur; simulque, quod
indignissimum est, senatorum filii et
onera ordinis sustinerent, et jura perderent. (VELL. PATERC. *Lib.* 2, *cap.* 28).

prétexte que l'on recèle des partisans du prince. De-là les visites domiciliaires à force ouverte, et, si l'on résiste, la mort. Les misérables de la lie du peuple ne manquoient pas de courir à ces expéditions; d'infames serviteurs dénonçoient leurs maîtres pour leurs richesses; quelques-uns étoient signalés par leurs propres amis; par-tout des lamentations, des cris de désespoir, et les horreurs d'une ville prise d'assaut. Les chefs de parti, si actifs pour allumer la guerre civile, n'étoient pas maîtres de modérer leur victoire: c'est qu'en effet, dans les troubles et les dissensions, les plus méchans sont les plus forts; au lieu que l'ordre et la paix veulent des vertus.

La proscription frappoit, non pas ceux qui avoient porté les armes pour le parti contraire, mais un grand nombre de citoyens, à qui l'on n'avoit rien à reprocher. On décréta ensuite, que les biens des condamnés seroient vendus, leurs enfans exclus de l'héritage paternel et privés du droit de prétendre aux honneurs; injustice d'autant plus criante, que les fils de

Hinc inopia rei nummariæ.... quia tot damnatis, bonisque eorum divenditis, signatum argentum.... ærario attinebatur. (TACIT. *Annal. Lib. 6, art. 17*).

Omnia erant præcipitia in republicâ; nec tamen adhuc quisquam inveniebatur, qui bona civis Romani aut donare auderet, aut petere sustineret. Posteà id quoque accessit, ut sævitiæ causam avaritia præberet, et modus culpæ ex pecuniæ modo constitueretur, et, qui fuisset locuples, fieret nocens, sui quisque periculi merces foret; nec quidquam videretur turpe quod esset quæstuosum. (VELL. PATERC. *Lib. 2, cap. 22*).

Igitur navium, militum, armorum paratu strepere provinciæ. Sed nihil æquè fatigabat quàm pecuniarum conquisitio: eos esse belli civilis nervos dictitans, Mucianus non jus aut verum in cognitionibus, sed solam magnitudinem opum spectabat. Passim delationes, et lo-.

sénateurs avoient à supporter les charges et les dépenses de leur ordre, en
même temps qu'on leur en ôtoit les pré-
rogatives.

De - là vint la disette du numéraire, parce qu'après tant de condamnations et de
ventes de biens, tout l'argent monnoyé
avoit été versé à la trésorerie.

Tout alloit dans la République par une
pente rapide vers le mal : cependant il ne
s'étoit trouvé encore personne d'assez har-
di pour donner les biens d'un Citoyen,
et personne d'assez lâche pour les deman-
der : Mais bientôt la cupidité engendra la
barbarie ; tout homme riche fut un coupable, d'autant plus criminel, qu'il avoit
plus d'argent ; la victime devint le salaire
de ses bourreaux : on oublia la honte du
crime pour en calculer le profit.

Les apprêts maritimes, les levées d'hommes, les fabrications d'armes, jettèrent
toutes les provinces dans l'agitation ; mais
rien n'étoit aussi vexatoire que l'inquisi-
tion dirigée contre les fortunes. Mucien
[Barrère] répétoit souvent, que l'argent
étoit le nerf de la guerre civile ; et, dans

cupletissimus quisque in prædam cor-
repti. (T A C I T. *histor. Lib.* 2 , *art.* 84).

Cæterum multitudo periclitantium glis-
cebat, cum omnis domus delatorum in-
terpretationibus subverteretur. Utque
antehac flagitiis , ita tunc legibus labo-
rabatur. (TACIT. *Annal. Lib.* 3 , *art.* 25).
Ac ne bello quidem. Italico, mox civili omissum, quin multa et diversa scis-
cerentur.... Jamque non modo in com-
mune sed in singulos homines latæ quæstiones et, corruptissimâ republicâ, plurimæ leges. (T A C I T. *Annal. Lib.* 3 , *art.*
27).

Haud fermè ulla civitas intacta semi-
nibus ejus motus fuit; sed erupere primi
Andegavi ac Turonii. (TACIT. *Annal.
Lib.* 3 , *art.* 41).

l'instruction d'une affaire, on considéroit, non pas si l'accusé avoit pour lui le droit et la vérité, mais seulement combien il possédoit. De tout côté on dénonçoit; et tout homme riche étoit saisi comme une proie.

Le nombre des malheureux croissoit de jour en jour. Il n'y avoit point de famille, qui ne fût bouleversée par les malignes interprétations de dénonciateurs; on étoit opprimé par les loix comme on l'avoit été par les crimes. La guerre d'Italie, et bientôt après la guerre civile, n'apportèrent pas même de relâche à cette perpétuelle fabrication de loix diverses. Dès-lors ce ne fut pas seulement sur l'universalité des citoyens, ce fut sur tel ou tel particulier que roulèrent les délibérations; enfin plus la république fut corrompue, plus elle eut de loix.

1793. *Guerre de la Vendée.*

IL n'est presqu'aucune ville, qui n'ait nourri le germe de ce soulèvement. Mais les premiers, qui s'insurgèrent, furent les habitans de l'Anjou et de la Touraine.

Causa motûs, super hominum ingenium, quod pati delectus, et validissi-
mum quemque militiæ nostræ dare, as-
pernabantur : ne regibus quidem parere
nisi ex libidine soliti; aut, si mitterent
auxilia, suos ductores præficere, nec
nisi adversùm accolas belligerare. Ac
tunc rumor incesserat fore, ut disjecti,
aliisque nationibus permixti, diversas in
terras traherentur; sed, antequam arma
inciperent, misêre legatos, "amicitiam
„ obsequiumque memoraturos; et mansu-
„ ra hæc, si nullo novo onere tentaren-
„ tur : sin ut victis servitium indiceretur,
„ esse sibi ferrum et juventutem et promp-
„ tum libertati aut ad mortem animum".
Simul castella rupibus indita, conlatos-
que illuc parentes et conjuges ostenta-
bant, bellumque impeditum, arduum,
cruentum minitabantur. (TACIT. *Annal*,
Lib. 4, *art.* 46).

Ces troubles eurent pour cause, outre le caractère de ce peuple, son refus de se soumettre aux recrutemens, et de donner à nos armées l'élite de sa jeunesse. " Ils n'obéissoient, disoient-ils, „ aux rois eux-mêmes qu'au gré de leur „ caprice, ou, s'ils envoyoient des troupes „ auxiliaires, c'étoit sous la conduite des „ leurs, et jamais pour faire la guerre loin „ de leur Pays." Dès lors le bruit s'étoit répandu, qu'ils devoient être dispersés, incorporés dans des troupes étrangères et entraînés dans diverses contrées. Toutefois ils envoyèrent des députés, pour rappeller leur alliance et leur soumission. Ils déclarèrent, que les troubles n'auroient pas de suite, si on ne leur essayoit pas un nouveau joug; que, si au contraire on leur destinoit l'esclavage des vaincus, ils avoient du fer, de la jeunesse, et des cœurs, qui vouloient la liberté ou la mort. En même temps, ils montroient fièrement leurs châteaux bâtis sur des rocs escarpés, leurs femmes et leurs pères, qu'ils y avoient rassemblés; et dans ces lieux hérissés d'ob-

Q u a e usquam provincia, quæ castra
sunt, nisi cruenta et maculata ? aut, ut
ipse prædicat, emendata et correcta ?.
nam quæ alii scelera, hic remedia vocat :
dum falsis nominibus, severitatem pro
sævitiâ, parcimoniam pro avaritiâ, sup-
plicia et contumelias vestras, discipli-
nam appellat. (TACIT. *Histor. Lib.* 1,
art. 37).

Unde plena omnia suspicionum, et
vix secreta domuum sine formidine : sed
plurimum trepidationis in publico. Ut
quemque nuntium fama attulerat, animum vultumque conversi, ne diffidere
dubiis, ne parum gaudere prosperis vi-
derentur. (TACIT. *Histor. Lib.* 1, *art.* 85).

Includuntur in carcerem condemnati :
supplicium constituitur in illos, sumitur
de miseris parentibus.... prohibentur

tacles, tout menaçoit d'une guerre difficile et sanglante.

Régime de Robespierre.

QUELLE province, quel camp n'a - t - il
pas souillé et ensanglanté, ou, suivant
ses propres expressions, épuré ou régé-
néré? Car ce que les autres appellent
crime, il l'appelle *mesure de salut public*; et c'est ainsi qu'abusant des mots,
il donne sa cruauté pour de la fermeté,
son avarice pour de l'économie, les op-
probres et les supplices, que vous en-
durez, pour un frein administratif.

Tout devient suspect; à peine se croit-
on en sûreté dans l'intérieur de sa famille. Mais l'inquiétude se manifestoit
sur-tout en public. La renommée publioit-
elle quelques nouvelles, on composoit
son ame et son visage, pour ne pas laisser paroître trop de défiance dans les
momens critiques, ou trop peu de joie
dans les succès.

On incarcère les condamnés. On or-
donne leur supplice. Déjà leurs parens
en éprouvent toutes les horreurs. On les

adire ad filios ; prohibentur liberis suis cibum , vestitumque ferre. Patres hi, quos videtis, jacebant in limine, matresque miseræ pernoctabant ad ostium carceris, ab extremo complexu liberûm exclusæ; quæ nihil aliud orabant , nisi ut filiorum extremum spiritum ore excipere sibi liceret.

ADERAT janitor carceris, carnifex prætoris, mors terrorque sociorum et civium , lictor Sestius ; cui ex omni gemitu doloreque certa merces comparabatur ; ut adeas, tantum dabis : ut cibum tibi intrò ferre liceat , tantum : nemo recusabat. (CIC. *in Verrem action.* 2 , *Lib.* 5 , *cap.* 45 , *art.* 118).

Neque multo post, re neque cum senatu, neque ullo magistratuum communicatâ, proscriptionis proposuit tabulam, quâ nomina octoginta continebantur.... tantum uno die interposito , ducentos viginti, dein postridie iterum haud pauciores adscripsit. (TIT. LIV. *in Suppl. Lib.* 88 , *art.* 21).

Obtulit ingenium Anicetus libertus....

empêche d'aller voir leurs fils, de porter
à leurs enfans le vêtement et la nourriture : ces pères infortunés étoient cou-
chés sur le seuil de la porte ; ces mères
éplorées passoient la nuit à l'entrée de
la prison. On leur interdisoit les derniers
embrassemens de leurs enfans ; elles ne
demandoient que la permission de rece-
voir leurs derniers soupirs.

Là se tenoit le geolier, bourreau gagé
par le préteur, la terreur et le fléau des
alliés et des citoyens, le licteur Sestius.
Il taxoit à son profit les larmes et les
gémissemens..... Tu donneras tant pour
entrer, tant pour porter de la nourriture
dans l'intérieur de la prison : Personne
ne s'y refusoit. Peu de temps après, l'u-
surpateur, sans en communiquer ni avec
le sénat, ni avec aucun des magistrats,
proposa des tables de proscription, qui
contenoient quatre-vingts noms. Après
un seul jour d'intervalle, il en ajouta
deux-cents vingt, et le lendemain un
nombre presqu'aussi considérable.

L'affranchi Anicet [Carrier] lui offre un

ergo navem posse componi docet, cujus pars, ipso in mari per artem soluta, effunderet ignaram. (TACIT. *Annal. Lib.* 14, *art.* 3).

Omnium ad inauditæ antea sævitiæ tyrannicique imperii exemplum indignatione commotâ....

Receptatoribus etiam proscriptorum pœna mortis est proposita, non excepto, sanguine junctos an externos servare voluissent. Et sicut humanitati supplicium, ita crudelitati et perfidiæ merces dicta est.... proditoribus etiam latentium præmia constituta sunt. (TIT. LIV. *in Suppl. Lib.* 88, *art.* 21, 22).

Neque Romæ tantùm, sed per universam Italiam furialis illa tempestas desæviit....

Ibi omnia divina humanaque violata et polluta sunt. Mariti in gremiis uxorum, in sinu matrum liberi confossi. Sacra hospitalia, cærimoniæ et religiones deorum, ipsaque eorum penetralia,

expédient; il lui fait voir que l'on peut construire un vaisseau, dont une partie, fe démontant au fein des flots par un moyen mécanique (soupape), doit leur livrer la victime, sans qu'elle s'y attende.

Ces exemples inouis de cruauté et de tyrannie excitèrent une indignation universelle.

On proposa la peine de mort même contre ceux qui recueilleroient des proscrits; et l'on ne fit aucune distinction entre ceux qui vouloient sauver des étrangers, et ceux qui vouloient sauver leurs parens. En même temps qu'on punissoit l'humanité, on récompensoit la cruauté et la perfidie. On décréta des récompenses pour ceux qui dénonceroient la retraite de quelque proscrit.

Le fléau, qui désoloit la capitale, exerçoit en même temps sa fureur sur tout l'empire. On foula aux pieds tout respect pour les choses divines et humaines. L'époux fut tué dans les bras de son épouse, le fils fur le sein de sa mère. Les hospices sacrés, les cérémonies religieuses, le culte des dieux, le sanc-

nemini securum adversus percussores perfugium dabant.

Eratque numerus exiguus per iram aut odium victoris pereuntium , præ multitudine eorum, qui facultatum causâ necabantur. Quorum etiam per nomenclatorem conquisita nomina tabulæ proscriptionis tyrannus adjecit. (*Ibid. art.* 23, 24).

Inde latior in omnes pavor, nec quid aut facerent aut omitterent, quò tuti forent, satis sciebant.

Accederes ad tabulam , pro curioso periclitareris ; non accederes, pro indignante : quæreres quid scriptum esset, pro te aut tuis conscientia sollicitus viderenis : adstares tacitus , odiis latronum objicerere , tanquam tristi silentio præsentia damnans. Nam et multi, quod vel subriserant ad talia , vel frontem contraxerant, cædebantur. Neque aut amici casu ingemiscere , aut adversarii exitio lætari impunè erat. Prætereà multis perniciosus cognominum error erat ;

tuaire même de leurs temples, ne pouvoient assurer un asyle contre la rage des
assassins.

Le nombre de ceux, qui périssoient
victimes de la colère ou de la haine du
vainqueur, n'étoit que peu considérable en comparaison de la multitude de
ceux qu'on immoloit pour leurs richesses; le tyran s'informoit de leurs noms
par un émissaire, qui en tenoit régis-
tre, et les ajoutoit à la liste fatale; la
terreur en devint plus générale; on ne
sut plus ce qu'il falloit faire on ne pas
faire pour être en sûreté.

Approchiez vous de cette liste de mort?
c'étoit par une coupable curiosité; n'en
approchiez-vous pas? c'étoit par une coupable indignation. Cherchiez-vous à savoir ce qu'elle contenoit? c'étoit parce
que votre conscience vous donnoit lieu
de craindre pour vous ou pour les vôtres;
restiez-vous auprès sans rien dire; vous
encouriez la haine des brigands, votre morne silence étoit la satyre de ce
qui se passoit. Plusieurs périrent pour
avoir souri ou pour avoir froncé le sour-

quæ percussores, ubi proscriptos non
nossent, aliis adfigebant. (*Ibid. art.*
25, 26).

Ne feminæ quidem exsortes periculi;
quia occupandæ reipublicæ argui non
poterant, ob lacrymas incusabantur :
necataque est anus..... mater, quòd filii
necem flevisset. (T A C I T. *Annal. Lib.* 6,
art. 10).

Inter has miserias minus videbantur
miserabiles, quos ignaros sortis suæ, aut
dum illam discunt, percussor occupabat;
eorum qui, præviso periculo, se abscon-
diderant, sollicita et morte tristior vita
erat, quia neque profugere, ne depre-
henderentur, audebant : neque in tanto
omnium metu, quum multi ab amicissi-
mis proderentur., confidere latebris poterant. (TIT. LIV. *in Suppl. Lib.* 88, *art.*
27).

cil; gémir sur la perte d'un ami, se ré-
jouir de la mort d'un ennemi, ce n'étoit
qu'un même crime : bien plus, un grand
nombre de personnes furent victimes des
erreurs de surnoms ; lorsque les bourreaux ne connoissoient pas ceux qui
étoient proscrits, ils attribuoient leurs
noms à d'autres qui ne l'étoient pas. Les
femmes elles-mêmes n'étoient pas exemp-
tes du péril commun; comme on ne pouvoit les accuser d'aspirer au gouvernement,
on accusoit leurs larmes; et, malgré son
grand âge, une mère fut mise à mort,
pour avoir pleuré la mort de son fils.

Au milieu de ces horreurs, on regardoit comme les moins à plaindre ceux
qui étoient frappés sans connoître leur
sort, ou à l'inftant même qu'ils l'appre-
noient ; mais ceux qui s'étoient cachés
pour se dérober au péril, traînoient
une vie inquiète et plus cruelle que la
mort; car ils n'osoient fuir, de peur d'ê-
tre arrêtés; et sous le règne de la terreur,
lorsque souvent on étoit dénoncé par ses
amis les plus intimes, ils ne pouvoient
se fier à leur retraite.

(60)

Multorumque excisi status : et terror omnibus intentabatur. (TACIT. *Annal. Lib.* 3, *art.* 28).

ISQUE terror Gallias invasit, ut venienti mox agmini universæ civitates cum magistratibus et precibus occurrerent, stratis per vias pueris feminisque ; quæque alia placamenta hostilis iræ, non quidem in bello, sed pro pace tendebantur. (TACIT. *Hiſtor. Lib.* 1, *art.* 63).

Ceterùm tempora illa adeò infecta et adulatione sordida fuêre, ut non modò primores civitatis, quibus claritudo sua obsequiis protegenda erat, sed.... etiam pedarii senatores certatim exsurgerent, fœdaque et nimia censerent. (TACIT. *Ann. Lib.* 3, *art.* 65.).

Libertatis simulacrum in eâ domo collocabas, quæ domus erat ipsa indicio tui crudelissimi dominatûs et miserrimæ populi Romani servitutis! (CIC. *pro domo suâ, cap.* 42, *art.* 110).

Les fortunes sont renversées; la terreur eſt à l'ordre du jour.

Temps de l'Armée Révolutionnaire.

L A terreur planoit tellement sur les Gaules, qu'aux approches de cette armée tous les habitans des villes alloient à sa rencontre avec leurs magistrats supplians; on lui présentoit les femmes et les enfans prosternés sur son passage; on réunissoit tout ce qui peut fléchir le courroux d'un ennemi; et, sans être en guerre avec elle, on lui demandoit la paix.

L'adulation fut alors si rampante, qu'elle ne se borna pas à infecter les principaux citoyens, qui vouloient se faire pardonner leur grandeur à force de bassesse. On vit jusqu'aux moindres sénateurs se lever à l'envi pour émettre des opinions d'une exaggération dégoûtante.

Monstre, tu plaçois la statue de la liberté dans l'endroit même qui attestoit la plus cruelle de toutes les tyrannies et l'extrème avilissement du peuple.

Quod maxime exitiabile tulêre illa tempora, cùm priniores senatûs infimas etiam delationes exercerent, alii propalam, multi per occultum : neque discerneres alienos à conjunctis, amicos ab ignotis; quid repens aut vetustate obscurum : perindè in foro, in convivio, quâquâ de re locuti incusabantur, ut quis prævenire et reum destinare properat; pars ad subsidium suî, plures infecti quasi valetudine et contactu. (TACIT. *Annal. Lib.* 6, *art.* 7).

Quod autem istud imperium est, decemviri, quod amplexi tenetis? tectis ac parietibus jura dicturi estis. (TIT. LIV. *Lib.* 3, *art.* 52).

Etenim quis tam dissoluto animo est, qui, hæc cùm videat, tacere ac negligere possit? Patrem meum, quum proscriptus non esset, jugulastis ; occisum in proscriptorum numerum retulistis; me domo meâ per vim expulistis ; patrimonium

La plus grande calamité de ces temps affreux, c'est que les premiers personnages du sénat s'abaissoient eux-mêmes aux plus viles dénonciations ; quelques-uns dénonçoient ouvertement, presque tous en secret. Les parens, les amis sembloient ne plus se connoître ; on scrutoit le présent, on fouilloit dans le passé ; enfin pour le moindre propos, tenu dans la place publique ou à table, on étoit dénoncé ; c'étoit à qui fourniroit le premier une dénonciation ; les uns se faisoient dénonciateurs pour se sauver eux-mêmes, les autres parce qu'ils étoient, pour ainsi dire, atteints d'une rage épidémique.

Qu'est ce donc, ô Décemvirs, que ce pouvoir dont rien ne peut vous détacher ? vous n'aurez bientôt à gouverner que des toits et des murailles : Est-il un homme assez lâche, pour voir de pareilles horreurs avec insouciance et sans élever la voix ? Vous avez égorgé mon père, sans qu'il fût proscrit ; après sa mort, vous l'avez mis sur la liste ; vous m'avez chassé par force de ma maison ; vous

meum possidetis. Quid vultis ampliùs?
(CIC. *pro Rosc. Amer. cap.* 11, *art.* 32).

Numerandus est ille annus denique in
republicâ, quum obmutuisset senatus,
judicia conticuissent, mœrerent boni,
vis latrocinii vestri totâ urbe volitaret?
(CIC. *in L. Pison. cap.* 12, *art.* 26).

Sed mihi, hæc ac talia audienti, in in-
certo judicium est, fatone res mortalium
et necessitate immutabili, an fortè vol-
vantur. Quippe sapientissimos veterum,
quique sectam eorum æmulantur, diver-
sos reperies : ac multis insitam opinio-
nem non initia nostri, non finem, non
denique homines diis curæ. Ideo creber-
rima et tristia in bonos, læta apud dete-
riores esse. Contrà alii, fatum quidem
congruere rebus putant, sed non è vagis
stellis, verùm apud principia et nexus
naturalium causarum. (TACIT. *Annal.*
Lib. 6. *art.* 22.).

Nullos esse deos, inane cœlum,
Affirmat Selius, probatque, quod se
Factum, dum negat hæc, videt beatum.
(MARTIAL. *Lib.* 4, *epigram.* 16).

possédez mon patrimoine ; que voulez-
vous de plus ?

Compterons-nous parmi les années de
notre république celle où nous avons
vu le sénat réduit au silence, la voix de
la justice étouffée, les honnêtes-gens
consternés, et la capitale livrée aux fu-
reurs du brigandage ?

Après de tels récits, mon esprit incer-
tain ne peut juger, si les choses d'ici-bas
sont gouvernées par les loix immuables
de la destinée, ou si elles flottent au
gré du hazard ; les hommes les plus sages de l'antiquité, et ceux qui se piquent
d'être leurs sectateurs, sont partagés d'o-
pinion à ce sujet. Plusieurs sont intimé-
ment convaincus, que les dieux ne s'oc-
cupent, ni de notre commencement, ni
de notre fin, ni en général de l'espèce
humaine ; c'est pour cela, disent-ils, que
le malheur écrase les gens de bien, tan-
dis que le bonheur sourit aux méchans ;
d'autres pensent au contraire, que la destinée influe sur les choses d'ici, non pas
d'après le cours des astres, mais d'après
l'origine et l'enchaînement des causes

Abstulit hunc tandem Rufini pœna tumultum,
Absolvitque deos.   (CLAUDIAN.)

        Claras..... abstulit urbi
Illustresque animas impunè et vindice nullo :
Sed periit, postquam cerdonibus esse timendus
Cœperat; hoc nocuit Lamiarum cæde madenti.
                    (JUVENAL. *Sat.* 4.)

Multorum autem odiis nullas opes posse obsistere, si antea fuit ignotum, nuper est cognitum. Nec verò hujus tyranni solùm, quem armis oppressa pertulit civitas.... interitus declarat, quantùm odium hominum valeat ad pestem; sed reliquorum similes exitus tyrannorum, quorum haud ferè quisquam interitum similem effugit. Malus enim custos diuturnitatis metus, contràque benevolentia fidelis est vel ad perpetuitatem.

naturelles. Tel affirme [Condorcet] qu'il n'y a pas de Dieu, et que le ciel n'est qu'une chimère ; il le prouve, parce qu'en professant cette doctrine, il se voit parvenir au bonheur.

9 *Thermidor*.

ENFIN le supplice du scélérat a dissipé ce doute, et les dieux sont absous. Il a ravi à l'état d'illustres citoyens, nul vengeur ne s'est élevé pour le punir ; mais il a péri dès qu'il s'est rendu rédoutable aux *sans - culottes*. Voilà ce qui a perdu l'homme, qui s'étoit baigné dans le sang le plus noble.

Nul gouvernement ne peut tenir contre des haines multipliées ; et, si cette vérité a jamais été méconnue, on l'a vue démontrée de nos jours : Ce n'est pas seulement par la mort de ce tyran, dont la république a supporté le joug, que je prouve combien la haine des gouvernés hâte la perte des gouvernans ; j'en atteste encore la fin semblable des autres tyrans, dont presqu'aucun n'a évité une pareille mort. En effet, la crainte est

Sed iis, qui vi oppressos imperio coercent, sit sanè adhibenda sævitia, ut heris in famulos, si aliter teneri non possunt : qui verò in liberâ civitate ita se instruunt, ut metuantur, his nihil esse potest dementius. Quamvis enim demersæ sint leges alicujus opibus, quamvis timefacta libertas, emergunt tamen hæc aliquando aut judiciis tacitis, aut occultis de honore suffragiis. Acriores autem morsus sunt intermissæ libertatis quàm retentæ. (CIC. *de Officiis*, *Lib.* 2, *cap.* 7, *art.* 23, 24).

Nec verò ulla vis imperii tanta est, quæ, premente metu, possit esse diuturna. (*Ibid, art.* 25).

un mauvais garant de la durée du pouvoir; au contraire, l'attachement des gouvernés en est un gage sûr et même éternel. Que ceux qui enchaînent les hommes sous leur pouvoir, après qu'ils ont
été soumis par la force, comme font les
maîtres à l'égard de leurs esclaves, aient
recours à la cruauté, quand ils ne peuvent
plus les contenir autrement; il n'en demeure pas moins vrai, que vouloir organiser la terreur dans un état libre, c'est le
comble de la folie; car l'autorité a beau
étouffer la voix de la justice et terrorifier
la liberté, elles trouvent encore moyen de
se faire entendre quelquefois, soit par
l'organe de l'opinion publique, soit par
celui des bulletins, qui parlent en secret
dans les élections; et la liberté enchaînée mord avec plus de force que lorsqu'elle n'a rien souffert. Nul gouvernement, quelque fort qu'il soit, ne peut
être durable, quand chacun est comprimé
par la terreur.

Diversa omnium , quæ unquam acci-
dêre , civilium armorum facies. Non
prælio, non adversis è castris, sed iis-
dem è cubilibus, quos simul vescentes
dies, simul quietos nox habuerat, dis-
cedunt in partes, ingerunt tela. Clamor,
vulnera, sanguis palam ; causa in occulto,
cetera fors regit. (TACIT. *Annal. Lib.*
1 , art. 49).

     . . . . En quò discordia cives
Perduxit miseros ! (VIRGIL *Eclog.*1).

Plenum exiliis mare, infecti cædibus
scopuli: atrocius in urbe sævitum. No-
bilitas , opes , omissi gestique honores
pro crimine; et ob virtutes, certissimum
exitium. Nec minùs præmia delatorum
invisa , quam scelera : cum alii sacer-
dotia et consulatus, ut spolia, adepti ,
procurationes alii, et interiorem potentiam, agerent verterent cuncta. Odio et
terrore corrupti in dominos servi , in

13. *Vendémiaire.*

CETTE journée eut un aspect différent de toutes les autres guerres civiles. Point de champ de bataille, point de camps opposés. Ce sont des hommes qui furent hier à la même table, cette nuit sous les mêmes toits; aujourd'hui ils se séparent pour s'entretuer; les traits volent, on entend les cris, on voit le sang et les blessures; la cause, on l'ignore. Le hazard préside à l'évènement.

Voilà où la discorde a conduit nos malheureux concitoyens.

18. *Fructidor.*

La mer fut couverte de déportés, les rochers teints de sang, la capitale en proye à des cruautés encore plus atroces. La naissance, les richesses, le refus ou la possession des charges furent des crimes; la vertu, un arrêt de mort. Les récompenses accordées aux dénonciateurs n'étoient pas moins odieuses que leurs crimes: Ils prenoient comme leur part du butin, les uns, les dignités du

patronos liberti ; et quibus dëerat ini-
micus per amicos oppressi.

Non tamen adeo virtutum sterile se-
culum, ut non et bona exempla prodi-
derit. Comitatæ profugos liberos matres,
secutæ maritos in exsilia conjuges, pro-
pinqui audentes, constantes generi, con-
tumax etiam adversus tormenta servo-
rum fides : Supremæ clarorum virorum
necessitates, ipsa necessitas fortiter to-
lerata, et laudatis antiquorum mortalibus
pares exitus. (TACIT. *Histor. Lib.* 1,
art. 2, 3).

At qui sunt hi, qui rempublicam occupavêre ? homines sceleratissimi, cruen-
tis manibus , immani avariciâ , nocen-
tissimi , iidemque superbissimi; quibus
fides , decus , pietas , postremo ho-
nesta atque inhonesta omnia quæstui
sacerdoce

sacerdoce, et les consulats, les autres les missions au dehors ou le gouvernement de l'intérieur. Meneurs exclusifs, ils bouleversoient tout. La haine et la terreur armoient les esclaves contre leurs maîtres, les affranchis contre leurs patrons, et ceux qui n'avoient pas d'ennemis, étoient immolés par leurs propres amis.

Cependant ce siècle ne fut pas si stérile en vertus, qu'il n'en produisît quelques exemples. Des mères fuyoient avec leurs fils, des épouses s'exiloient avec leurs maris. Il existoit encore des parens courageux, des gendres dévoués, des serviteurs fidèles, à l'épreuve même des tortures. D'illustres personnages, grands jusqu'au dernier moment, renouvelloient, en quittant la vie, les exemples des plus belles morts de l'antiquité.

Quels sont-ils donc ceux qui ont envahi la république? Ce sont les hommes les plus fameux par leurs crimes; ce sont des meurtriers tout sanglans, des monstres d'avarice, de scélératesse et en même temps d'orgueil; la bonne foi, l'hon-

sunt. Pars eorum, occidisse tribunes plebis, alii quæstiones injustas, plerique cædem in vos fecisse, pro munimento habent. Ita, quam quisque pessumè fecit, tam maxumè tutus est: metum à scelere suo ad ignaviam vestram transtulêre; quos omnes, eadem cupere, eadem odisse, eadem metuere in unum coegit. Sed hæc inter bonos amicitia, inter malos factio est....

Nam fidei quidem aut concordiæ quæ spes est? dominari illi volunt; vos liberi esse: facere illi injurias, vos, prohibere. Postremo sociis vestris veluti hostibus, hostibus pro sociis utuntur. Potestne in tam diversis mentibus pax aut amicitia esse?.... quod si tam vos libertatis curam haberetis, quam illi ad dominationem accensi sunt, profecto neque respublica, sicuti nunc, vastaretur. (SALLUST. *Bell. Jugurthin.* *cap.* 33—36).

neur, la piété, enfin la justice et l'injustice, tout est pour eux l'objet d'un
trafic. Les uns ont tué les magistrats du
peuple, les autres vous ont attaqués par
de fausses accusations, presque tous ont
organisé des massacres contre vous; tels
sont leurs titres de sûreté. Plus chacun
d'eux a fait de mal, plus il se voit à
couvert. La terreur faite pour leurs ames,
ils l'ont imprimée à votre lâcheté. La
conformité de désirs, de haines et de
craintes, les a rassemblés; mais cela
même, qui assure l'amitié parmi les gens
de bien, ne constitue qu'une faction parmi les méchans.

Quelle bonne-foi, quelle union pou-
vons-nous espérer? Ils veulent tyranni-
ser, vous voulez être libres: Ils veulent
exercer des vexations, vous voulez les
empêcher. Enfin vos alliés sont leurs ennemis, vos ennemis sont leurs alliés;
avec des volontés si contraires, la paix
et l'amitié sont-elles possibles? Si vous
étiez aussi jaloux de votre liberté, qu'ils
sont enflammés de l'ardeur de tyranni-
ser, certes la république ne se verroit

. Quidam.... probitate fictâ viam sibi ad potentiam muniunt, faciuntque multa quæ boni solent, eò quidem promptiùs, quod fallendi gratiâ faciunt. Utinamque tam facile esset præstare, quam facile est simulare bonitatem! sed ii, cum esse cœperint propositi ac voti sui compotes, et summum potentiæ gradum ceperint, tum vero, simulatione depositâ, mores suos detegunt; rapiunt omnia, et violant et vexant; eosque ipsos bonos, quorum causam susceperant, insequuntur; et gradus, per quos ascenderunt, amputant, ne quis illos contra ipsos possit imitari. (LACTANT. *Institut. Div. lib.* 6, *cap.* 6).

Nec defuerunt, qui arguerent viros gravitatem asseverantes, quod domos villasque id temporis quasi prædas divisissent. (TAC. *Annal. Lib.* 13, *art.* 18).

Quod genus imperii, aut quæ provincia, quæ ratio auferendæ aut conflandæ pecuniæ non reperiebatur? quæ regio orave terrarum erat latior, in quâ

pas en proye à de telles dévastations.

Quelques - uns, pour parvenir au pouvoir, se frayent la route par une probité feinte, et souvent même par des actions, qui sont ordinaires aux gens de bien. Ils s'y portent d'autant plus volontiers, qu'ils ne veulent que tromper. Plût au ciel qu'il fût aussi facile de s'approprier la vertu, que d'en prendre les dehors ! Mais, une fois parvenus au but qu'ils s'efforçoient d'atteindre, ils jettent le masque, ils se montrent à nud, ils pillent, ils persécutent, ils s'acharnent contre les gens de bien, dont ils avoient embrassé la cause, et brisent les dégrés de l'échelle qui les a portés, afin que personne après eux ne puisse s'en servir contre eux- mêmes.

Plus qu'une voix accusoit des hommes qui se disoient purs, de s'être alors partagé les maisons et les terres comme un butin.

Que d'autorités de toute espèce, que de commissions créées ! quel prétexte n'a - t - on pas imaginé pour s'emparer du numéraire et grossir les contributions?

non regnum aliquod statueretur? (CIC,
pro Sext. cap. 30., *art* 66).

Neque in ipsos modo auctores, sed
in libros quoque eorum sævitum, dele-
gato triumviris ministerio, ut monumenta clarissimorum ingeniorum in co-
mitio ac foro urerentur. Scilicet illo
igne vocem populi romani, et libertatem
senatûs, et conscientiam generis humani
aboleri arbitrabantur, expulsis insuper
sapientiæ professoribus, atque omni
bonâ arte in exilium actâ, ne quid usquam honestum occurreret. Dedimus
profecto grande patientiæ documentum,
et, sicut vetus ætas vidit quid ultimum
in libertate esset, ita nos quid in servitute, adempto per inquisitiones et lo-
quendi audiendique commercio. Memoriam quoque ipsam cum voce perdidis-
semus, si tam in nostrâ potestate esset
oblivisci quam tacere. (TACIT. *Agricol.*
art. 2).

Quel pays, quel endroit, tant soit peu étendu, qui n'ait eu son tyran?

Ce ne fut pas seulement contre les écrivains, ce fut même contre leurs écrits que se déchaîna la persécution. Trois commissaires furent chargés de faire brûler les chefs-d'œuvre du génie sur la place publique, dans le lieu même où le peuple s'assembloit. Dans ces flammes ils croyoient anéantir la voix du peuple, la liberté du sénat et le sentiment intérieur de tous les hommes; car en outre, tous ceux qui faisoient profession d'enseigner la sagesse, furent déportés. Toute espèce de vertu fut bannie, afin que rien d'honnête ne pût s'offrir aux yeux. Certes, nous avons donné un grand exemple de résignation; et, si les siècles passés ont vu jusqu'où pouvoit aller la liberté, nous avons vu, nous, jusqu'où peut aller l'esclavage, lorsque des inquisiteurs, nous ravissant tout moyen de communication, nous ont même défendu de parler et d'entendre. Avec la voix nous eussions encore perdu la mémoire, si nous étions maîtres

Manserunt occultati libri, et editi. Quò magis socordiam eorum inridere libet, qui præsenti potentiâ credunt exstingui posse etiam sequentis ævi memoriam. Nam contrà, punitis ingeniis, gliscit auctoritas. Neque aliud externi reges, aut qui eâdem sævitiâ usi sunt, nisi dedecus sibi, atque illis gloriam peperêre. (TACIT. *Annal. Lib.* 4, *art.* 35).

Patimur enim jam multos annos, et silemus, quum videamus, ad paucos homines omnes omnium nationum pecunias pervenisse: quod eò magis ferre æquo animo atque concedere videmur, quia nemo istorum dissimulat: nemo laborat, ut obscura sua cupiditas esse videatur. (CIC. *in Verr. action.* 2, *lib.* 5, *cap.* 48, *art.* 126).

Omnes concessêre jam in paucorum dominationem, qui, per militare nomen, ærarium, exercitus, regna, provincias occupavêre, et arcem habent ex spoliis

d'oublier, comme de garder le silence.

L'ouvrage condamné subsista en secret ; il reparut ensuite, ce qui prouve combien est ridicule la sottise de ceux qui, parce qu'ils sont puissans aujourd'hui, croient pouvoir éteindre, pour les races futures, le flambeau de la vérité. Punir le génie, c'est en accréditer les productions ; aussi les rois étrangers, et tous ceux qui ont persécuté d'illutres écrivains, n'ont-ils fait que se déshonorer eux-mêmes, en immortalisant leurs victimes.

Nous souffrons depuis un grand nombre d'années ; et nous gardons le silence, quand nous voyons les richesses de toutes les nations passer entre les mains de quelques hommes. Ce qui fait ressortir encore notre insouciance et notre foiblesse, c'est que pas un d'eux ne dissimule, pas un ne cherche à voiler sa cupidité.

Tous aujourd'hui sont tombés au pouvoir d'un petit nombre d'hommes, qui, sous le prétexte de la guerre, se sont emparé du trésor public, des armées,

vestris : cum interim , more pecorum ,
vos, multitudo, singulis habendos fruen-
dosque præbetis , exuti omnibus quæ
majores reliquêre. (SALLUST. *in frag-*
ment. lib. 3).

Quorum superbiam frustra per obse-
quium et modestiam effugeris : raptores
orbis, postquam cuncta vastantibus de-
fuêre terræ, et mare scrutantur : si locuples hostis est, avari ; si pauper,
ambitiosi. Quos non oriens, non occidens
satiaverit : soli omnium opes atque ino-
piam pari affectu concupiscunt. Auferre,
trucidare, rapere falsis nominibus imperium ; atque, ubi solitudinem faciunt,
pacem appellant.

Liberos cuique ac propinquos suos
natura carissimos esse voluit : hi per
delectus, alibi servituri, auferuntur.
Conjuges sororesque, et si hostilem libi-

des royaumes, des provinces, et se retranchent derrière vos dépouilles. Vous, cependant, multitude soumise, vous composez, comme un vil troupeau, la propriété et le revenu de quelques maîtres, qui vous ont ravi tout ce que vous teniez de vos pères.

Vainement chercheroit - on dans la modération et l'obéissance un abri contre leur orgueilleuse ambition. Dévastateurs du monde, quand la terre épuisée se refuse à leur brigandage, ils vont fouiller au sein des mers. Leur ennemi est - il riche, ils sont avides; pauvre, ils sont ambitieux. L'orient et l'occident ne sauroient les rassasier; cette cupidité, qui leur est particulière, s'acharne également contre la richesse et contre l'indigence. Dépouiller, égorger, ravir sous de vains prétextes, voilà ce qu'ils nomment gouverner; d'un pays faire un désert, voilà ce qu'ils nomment pacifier.

La nature nous a commandé, avant tout, l'amour de nos enfans et de nos proches; on nous les arrache, on les enrôle, on les envoie, loin de nous, trai-

dinem effugiant, nomine amicorum atque hospitum polluuntur. Bona fortunasque in tributum egerunt, in annonam, frumentum. (TACIT. *Agricol. art.* 30, 31).

Nec juniores modò conscripti, sed seniores etiam coacti nomina dare, ut urbis custodiam agerent. Quantùm autem augebatur militum numerus, tanto majore pecuniâ in stipendium opus erat: eaque tributo conferebatur, invitis conferentibus qui domi remanebant ; quia tuentibus urbem opera quoque militari laborandum serviendumque reipublicæ erat. (TIT. LIV. *Lib.* 5, *art.* 10).

Intereà conferendis pecuniis pervastata Italia, provinciæ eversæ, sociique populi, et quæ civitatum liberæ vocantur. Inque eam prædam etiam dii cessére, spoliatis in urbe templis, egestoque auro, quod triumphis, quod votis, omnis populi romani ætas prosperè aut in metu

ner leur esclavage. Nos femmes et nos sœurs, si elles échappent à la brutalité des ennemis, sont couvertes d'opprobre par ceux qui se disent nos hôtes et nos amis: ils nous enlèvent nos propriétés pour leurs tributs, nos grains pour leurs approvisionnemens.

Non-seulement les jeunes-gens furent conscrits, mais les vieillards furent obligés de donner leurs noms pour la garde de la ville; plus on augmentoit le nombre des soldats, plus il falloit d'argent pour leur entretien; on y fournissoit par des taxes de guerre, que payoient à regret ceux qui restoient dans leurs foyers, parce qu'en outre de leurs fonctions civiles, ils étoient obligés de contribuer aux opérations militaires, et de tout sacrifier à la république.

Cependant l'Italie fut désolée par les exactions; les provinces étoient bouleversées, aussi bien que les nations alliées et les villes que l'on appelle libres; les dieux eux-mêmes firent partie du butin; on dépouilla les temples de Rome; et l'on emporta tout l'or, qui, depuis l'existence du

sacraverat. (TACIT. *Annal. Lib.* 15, art. 45).

Externis victoriis aliena, civilibus etiam nostra consumere didicimus. (TACIT. *Annal. Lib.* 3, *art.* 54).

Difficile est dictu....., quanto in odio simus apud exteras nationes, propter eorum, quos ad eos per hos annos cum imperio misimus, injurias ac libidines. Quod enim fanum putatis in illis terris nostris magistratibus religiosum, quam civitatem sanctam, quam domum satis clausam ac munitam fuisse? Urbes jam locupletes ac copiosæ requiruntur, quibus causa belli propter diripiendi cupiditatem inferatur. (CIC. *pro Leg. Manil.* cap. 22, *art.* 65).

Lugent omnes provinciæ: queruntur omnes liberi populi: regna denique jam omnia de nostris cupiditatibus et injuriis expostulant: locus intra oceanum jam nullus est neque tam longinquus, neque tam reconditus, quo non, per hæc tem-

peuple romain, y avoit été consacré
par ses triomphes ou par ses vœux, comme des gages de sa prospérité ou de ses
craintes.

Nous avons appris par les victoires
du dehors à ruiner l'étranger, et par
celles, qui ont suivi nos guerres civiles, à
nous ruiner nous-mêmes.

Il est difficile d'exprimer, à quel point
nous sommes odieux aux autres peuples,
pour leur avoir envoyé, dans ces dernières
années, des commissaires avides et vexa-
toires; quel temple a été sacré pour eux,
quelle cité leur a paru inviolable, quelle
maison a été inaccessible à leurs rapi-
nes? [Rapinat.] On cherche aujourd'hui
quelles sont les villes riches et opulentes;
c'est là qu'on porte la guerre, parce qu'on
brûle de piller.

Toutes les provinces gémissent, tous
les peuples poussent des cris de désespoir, enfin tous les royaumes deman-
dent vengeance de notre cupidité et de
nos vexations; de l'Italie jusqu'à l'Océan,
point de lieu, quelqu'éloigné, quelque

pora, nostrorum hominum libido, ini-
quitasque pervaserit : sustinere jam populus romanus omnium nationum non,
vim, non arma, non bellum, sed luctum,
lacrymas, querimonias non potest. (cic.
in Verr. Action. 2, *Lib.* 3, *cap.* 89,
art. 207).

Fuit quondam ita firma hæc civitas et
valens , ut negligentiam senatûs vel
etiam injurias civium ferre posset : jam
non potest. Ærarium nullum est: vec-
tigalibus non fruuntur, qui redemerunt:
auctoritas principum cecidit: consensus
ordinum est divulsus: judicia perierunt:
suffragia descripta tenentur à paucis :
bonorum animus ad nutum nostri ordinis
expeditus jam non erit: civem, qui se
pro patriæ salute opponat invidiæ, frustra posthac requiretis. (cic. *de Aruspic.*
respons. cap. 28, *art.* 60).

retiré qu'il soit, où n'aient pénétré la violence et l'injustice de nos envoyés; c'est
au point que nous ne pouvons plus ré-
sister, je ne dis pas à la force, à l'in-
vasion des armées étrangères, mais aux
plaintes, aux larmes et aux reproches
des nations.

Il fut un temps où l'état jouïssoit d'u-
ne constitution assez vigoureuse pour
pouvoir subsister, malgré la négligence
du sénat, et même malgré les atteintes
des citoyens: il ne le peut plus aujour-
d'hui; nous n'avons point de trésor public; le produit des contributions passe
entre des mains étrangères; l'autorité du
gouvernement est nulle; tout accord
entre les différents Ordres de l'état est
rompu; les tribunaux sont anéantis; les
suffrages appartiennent exclusivement à
quelques hommes.

On ne verra plus les gens de bien
épier avec empressement le moindre signe de la volonté du sénat; et vainement
chercheroit-on aujourd'hui un citoyen,
qui, pour sauver la république, voulût
affronter les ressentimens.

Nunc demum redit animus. (TACIT. *Agricola*, *art.* 3).

Unus qui nobis.... restituit rem. (ENNIUS).

Nam cùm.... tyranni..... servitute oppressas tenerent Athenas, plurimos cives, quibus in bello pepercerat fortuna, partim patriâ expulissent, partim interfecissent, plurimorum bona publicata inter se divisissent, non solum princeps, sed et solus initio bellum his indixit. (CORNELIUS NEPOS *in Thrasybul. cap.* 1).

Usus est non minus prudentiâ quàm fortitudine; nam cedentes violari vetuit. Cives enim civibus parcere æquum censebat. (*Idem. cap.* 2).

Felix ac prudens, armis præcipuè: adeò ut nullo congressu nisi victor discesserit: auxeritque imperium. (AURÈL. VICTOR *de Caesaribus in Septim. Sever.*)

Consulem se ferens...., ubi militem donis, populum annonâ, cunctos dulce-

18. *Brumaire.*

Enfin nous respirons. Un seul homme a sauvé la chose publique. En effet, lorsque notre patrie gémissoit sous le plus cruel esclavage, lorsque les tyrans avoient fait périr et déporter un grand nombre de citoyens échappés aux hasards de la guerre, et fait vendre leurs biens pour se les partager, cet homme fut non-seulement le premier, mais le seul au commencement, qui osât les combattre.

Il se distingua par sa modération autant que par son courage ; car il mit à l'abri de toute violence ceux qui se démirent volontairement. Il regardoit la clémence envers ses concitoyens comme un acte de justice.

Il fut heureux et prudent, sur-tout dans les combats, au point qu'il en sortit toujours victorieux, et qu'il recula les limites de l'empire.

Il prend le titre de consul. Bientôt il s'attache le soldat par la libéralité, le

dine otii pellexit ; insurgere paulatim,
munia senatûs, magistratuum, legum in
se trahere, nullo adversante; cum fero-
cissimi per acies, aut proscriptione ceci-
dissent : ceteri nobilium , quanto quis
servitio promptior, opibus et honoribus
extollerentur: ac, novis ex rebus aucti,
tuta et præsentia quam vetera et peri-
culosa mallent. Neque provinciæ illum
rerum statum abnuebant, suspecto senatûs populique imperio ob certamina
potentium , et avaritiam magistratuum,
invalido legum auxilio, quæ vi, ambitu,
postremo pecuniâ turbabantur. (TACIT.
Annal. Lib. I, *art.* 2).

Si proprium et verum nomen nostri
mali quæratur, fatalis quædam calamitas
incidisse videtur et improvidas hominum
mentes occupavisse. (CICER. *pro. Ligar.
cap.* 6, *art.* 17).

peuple par l'abondance, et tous les ordres de l'état par la douceur du repos.
C'est alors que, s'élevant peu à peu, il
attire à lui seul la prérogative du sénat,
des magistrats, et des législateurs. Nul
ne s'y oppose; et en effet les têtes les
plus exaltées étoient tombées, ou sous
le fer de l'ennemi, ou sous la hache de
la proscription. Ce qui restoit de nobles
étoit comblé de richesses et d'honneurs,
chacun en proportion de son empressement à obéir; et les parvenus du nouveau régime préféroient la sûreté du
présent aux périls du passé. Les provinces ne se refusoient pas non plus à ce nou-
vel ordre de choses; les luttes des hommes puissans et la cupidité des magistrats leur avoient appris à se défier du
gouvernement sénatorial et populaire,
sous lequel on imploroit en vain le se-
cours des loix, que la force, l'intrigue
et l'argent rendoient impuissantes.

Si l'on vouloit savoir le véritable nom
de ce mal qui nous obséda si long-temps,
il sembleroit qu'un ouragan, formé par
le destin irrité, fût venu fondre sur nous,

Quæ quidem nunc tibi omnia belli vulnera curanda sunt ; quibus, præter té, mederi nemo potest. (CICER. *pro Marcello*, *cap.* 8 , *art.* 24).

Nihil habet nec fortuna tua majus, quam ut possis, nec natura tua melius, quàm ut velis conservare quàm plurimos. (CICER. *pro Ligar. cap.* 12, *art.* 38).

Hæc igitur tibi reliqua pars est, hic restat actus, in hoc elaborandum est, ut rempublicam constituas, eáque tu in primis compositâ cum summâ tranquillitate et otio perfruare: tum te, si voles, quum et patriæ, quod debes, solveris, et naturam ipsam expleveris satietate vivendi, satis diu vixisse dicito. Quid est enim omnino hoc ipsum diu, in quo est aliquid extremum, quod quum venerit, omnis voluptas præterita pro nihilo est, quia posteà nulla futura sit? quanquam iste tuus animus nunquam his angustiis, quas natura nobis ad vivendum dedit, contentus fuit, semperque immortalitatis amore

et bouleverser toutes les combinaisons de la prudence humaine. C'est vous qui devez fermer toutes les plaies que la guerre a faites à la patrie; vous, le seul homme qui puissiez y porter remède.

La fortune n'a rien fait pour vous de plus grand, que de vous donner le pouvoir de sauver un grand nombre de citoyens, et la nature n'a rien fait de mieux, que de vous en donner la volonté.

Affermir la république, jouir le premier de sa tranquillité, voilà qui sera votre ouvrage; voilà ce qui vous reste à faire; voilà ce qui doit completter votre vie. Quand vous aurez payé votre dette à la patrie, et satisfait au vœu même de la nature, en fournissant une longue carrière, alors rassasié de vivre, vous serez libre de dire: *j'ai vécu assez long-temps.* Eh! qu'est ce que ce *long-temps* qui doit finir? Quand la fin est venue, tous les plaisirs passés ne sont comptés pour rien, parce qu'il n'en doit plus exister dans l'avenir. Mais que dis-je? Votre grand cœur ne se resserra jamais dans les bor-

flagravit. Nec vero hæc tua vita ducenda est, quæ corpore et spiritu continetur. Illa, inquam, illa vita est tua, quæ vigebit memoriâ sæculorum omnium: quam posteritas alet, quam ipsa æternitas semper tuebitur. Huic tu inservias, huic te ostentes oportet: quæ quidem quæ miretur, jam pridem multa habet, nunc etiam quæ laudet, expectat. Obstupescent posteri certè imperia, provincias, Rhenum, Oceanum, Nilum, pugnas innumerabiles, incredibiles victorias, monumenta innumera, triumphos audientes et legentes tuos. Sed, nisi hæc urbs stabilita tuis consiliis et institutis erit, vagabitur modò nomen tuum longè atque latè, sedem stabilem et domicilium certum non habebit. Erit inter eos etiam, qui nascentur, sicut inter nos fuit, magna dissensio, cum alii laudibus ad cœlum res tuas gestas efferent; alii fortasse aliquid requirent, idque vel maximum, nisi belli civilis incendium salute patriæ restinxeris: ut illud fati fuisse videatur, hoc consilii. Servi igitur iis etiam judicibus, qui multis post seculis de te ju-

nes étroites que la nature a fixées à notre vie. Toujours il fut embrasé par l'a-
mour de l'immortalité. Pour vous la vie
n'est pas ce souffle, qui anime le corps.
Votre vie, la vie qui vous est propre,
est celle qui devra sa force à la mémoire
de tous les siècles, son soutien à la postérité, sa garantie à l'éternité même.
C'est à la postérité qu'il vous faut con-
saerer, c'est à elle qu'il faut vous pré-
senter avec gloire. Jusqu'à présent vous
avez assez fourni à son admiration; elle
attend de vous une matière à ses louanges. Sans doute, les races futures s'é-
tonneront de voir dans l'histoire, ou dans
le récit de vos exploits, tant d'armées,
tant de provinces commandées par vous,
tant de victoires et de combats incroya-
bles, dont furent témoins le Rhin, l'O-
céan et le Nil, tant de triomphes, tant
de monumens élevés en votre honneur.
Mais, si vous n'assurez par de sages éta-
blissemens la consistance de l'état, votre nom pourra bien errer au loin de bouche en bouche; mais jamais il n'obtien-
dra un dégré fixe de respect et de réputa-

E

dicabunt : et quidem haud scio an incorruptiùs quàm nos: nam et sine amore, et sine cupiditate, et rursùs sine odio et sine invidiâ judicabunt. Id autem etiam si tunc ad te, ut quidam falsò putant, non pertinebit, nunc certè pertinet, esse te talem, ut tuas laudes obscuratura nulla unquam sit oblivio. (CICER. *pro Marcello cap. 9*).

tion. Parmi nos descendans même, il existera, comme parmi nous, une grande diversité d'opinions; les uns éléveront jusqu'aux cieux la gloire de vos actions; les autres regretteront peut-être, que vous ayez omis la plus belle de toutes, si vous n'avez pas éteint le feu de la guerre civile en sauvant la patrie, si vous n'avez pas tout fait pour qu'on attribue ses malheurs au destin, son salut à votre sagesse. Ne négligez donc rien pour vous concilier les juges, devant qui vous paroîtrez dans la suite des siècles, ces juges qui pourront avoir moins de partialité que nous, parce qu'ils vous jugeront sans passion, sans amour, sans haine, sans jalousie. Si leurs arrêts doivent alors vous être indifférens, comme le pensent faussement quelques hommes, du moins ne vous est-il pas indifférent aujourd'hui d'être tel, qu'en célébrant vos louanges on ne puisse jamais les atténuer par aucun reproche.

Omnino qui reipublicæ præfuturi sunt, duo Platonis præcepta teneant: unum, ut utilitatem civium sic tueantur, ut quæcumque agant, ad eam referant, obliti commodorum suorum; alterum, ut totum corpus reipublicæ curent, ne, dum partem aliquam tuentur, reliquas deserant. Ut enim tutela, sic procuratio reipublicæ ad utilitatem eorum, qui commissi sunt, non ad eorum quibus commissa est, gerenda est. Qui autem parti civium consulunt, partem negligunt, rem perniciosissimam in civitatem inducunt, seditionem atque discordiam; ex quo evenit, ut alii populares, alii studiosi optimi cujusque videantur, pauci universorum.

Hinc apud Athenienses magræ discordiæ, in nostra republica non solùm seditiones, sed pestifera etiam bella ci-

CONCLUSION.

Que tous ceux qui doivent administrer un état, retiennent deux préceptes de Platon; le premier veut, qu'ils aient le bien général tellement en vue, que toutes leurs actions s'y rapportent, sans que jamais ils songent à leur intérêt personnel; le second, qu'ils étendent leurs soins à toutes les parties du corps politique, de peur qu'en veillant de préférence sur une d'elles, ils ne négligent les autres. En effet, un administrateur, ainsi qu'un tuteur, doit chercher dans sa gestion, non son propre avantage, mais celui des peuples qui lui sont confiés. Ces hommes zélés pour une partie des citoyens, indifférens pour les autres, introduisent dans l'état le plus grand des fléaux, les séditions et la discorde; de-là résulte que les uns sont regardés comme amis du Peuple, les autres, comme amis des Grands, et que presque personne n'est l'ami de tous les citoyens. Voilà ce qui produisit les grandes dissensions d'Athènes; voilà ce qui dans notre république a

vilia : quæ gravis et fortis civis , et in republica dignus principatu fugiet atque oderit; tradetque se totum reipublicæ, neque opes ac potentiam consectabitur; totamque eam sic tuebitur, ut omnibus consulat. Nec vero criminibus falsis in odium aut invidiam quemquam vocabit; omninoque ita jus·itiæ honestatique adhærescet, ut, dum ea conservet, quamvis graviter offendat , mortem oppetat potius , quam deserat illa , quæ dixi. (CICERO *de Off. Lib.* 1. *cap.* 25. *art.* 85 *et* 86).

Atque etiam subjiciunt se homines imperio alterius, et potestati , pluribus de causis: ducuntur enim, aut benevolentiâ , aut beneficiorum magnitudine , aut dignitatis præstantiâ, aut spe, sibi id utile futurum; aut metu ne vi parere cogantur; aut spe largitionis promissioni-

fait éclater, non - seulement des séditions, mais encore d'horribles guerres civiles. Un citoyen vertueux, courageux, digne enfin du premier poste dans le gouvernement, fuira et détestera de tels excès; il se dévouera tout entier à la chose publique; il ne recherchera ni les richesses ni la puissance; et ses soins embrasseront tellement le corps entier de l'état, qu'il consultera les intérêts de tous les citoyens; il n'appellera sur personne la haine et la vengeance par de fausses imputations; enfin il sera si fortement attaché à la justice et à la vertu, que, pourvu qu'il maintienne leurs droits, il ne ressentira ni ses pertes, ni ses dangers, et bravera la mort même plutôt que de se départir des principes que j'ai rappellés.

Les hommes se soumettent à l'empire et au pouvoir d'un autre homme, d'après plusieurs motifs : ils y sont amenés ou par leur attachement pour lui, ou par la grandeur de ses bienfaits, ou par son mérite éclatant, ou par l'espérance d'un grand avantage, ou par la

busque capti ; aut postremo , ut sæpe in nostrâ republicâ videmus , mercede conducti.

Omnium autem rerum nec aptius est quidquam ad opes tuendas ac tenendas, quàm diligi; nec alienius, quàm timeri. Præclarè enim Ennius : *quem metuunt, oderunt : quem quisque odit , periisse expetit.* (cic. *de Off. Lib.* 2 , *cap.* 6 , 7 , *art.* 22 , 23).

Quod igitur latissimè patet; neque ad incolumitatem solùm sed etiam ad opes et potentiam valet plurimùm , id amplectamur, ut metus absit , caritas retineatur; ita facillimè, quæ volumus, et privatis in rebus et in republicâ consequemur. (*id. art.* 24).

crainte de se voir contraints à l'obéissance, ou par l'appât des libéralités et
des promesses, ou enfin, comme nous
le voyons souvent dans notre république, parce qu'ils se vendent au plus
offrant.

Mais de tous les moyens, qu'on em-
ploie pour établir et conserver l'autorité, le meilleur est de se faire aimer,
le pire de se faire craindre. C'est avec
raison qu'Ennius a dit : *Celui que l'on
craint, on le hait ; celui que l'on hait, on
veut le perdre.* Que l'on s'attache donc
à ce qui est démontré le plus capable de
maintenir, non-seulement la sûreté in-
dividuelle, mais même l'autorité des gouvernans ; qu'ils ne se fassent pas craindre, qu'ils se fassent aimer ; c'est ainsi
qu'on assure et son bonheur personnel,
et la prospérité de l'état.

Triste exemplum, sed in posterum sa-
lubre juventuti erimus. (CICERO *Tuscu-*
lan. Quæst. Lib. 8, *n°.* 7.)

Nous offrons un exemple déplorable,
mais un préservatif salutaire à la géné-
ration, qui s'élève.